总体国家安全观普及丛书

GUOJIA HAIWAI LIYI ANQUAN ZHISHI BAIWEN

国家海外利益安全知识

百问

本书编写组

人民出版社

前　言

习近平总书记提出的总体国家安全观立意高远、思想深刻、内涵丰富，既见之于习近平总书记关于国家安全的一系列重要论述，也体现在党的十八大以来国家安全领域的具体实践。总体国家安全观所指的国家安全涉及领域十分宽广，集政治、国土、军事、经济等多个领域安全于一体，但又不限于此，会随着时代变化而不断发展，是一种名副其实的"大安全"。党的二十大报告指出，必须坚定不移贯彻总体国家安全观，把维护国家安全贯穿党和国家工作各方面全过程，确保国家安全和社会稳定。为推动学习贯彻总体国家安全观走深走实，引导广大公民增强国家安全意识，在第八个全民国家安全教育日到来之际，中央有关部门在组织编写科技、文化、金融、生物、生态、核等重点领域国家安全普及读本基础上，又组织编写了一批国家安全普及读本，涵盖海外利益安全、人工智能安全和数据安全 3 个领域。

读本采取知识普及与重点讲解相结合的形式，内容准确权威、简明扼要、务实管用。读本始终聚焦总体国家安全观，准确把握党中央最新精神，全面反映国家安全形势新变化，紧贴国家安全工作实际，并兼顾实用性与可读性，配插了图片、图示和视频二维码，对于普及总体国家安全观和提高公民"大安全"意识，很有帮助。

总体国家安全观普及读本编委会

2023 年 4 月

C目录
ONTENTS

篇 二

★ 海外利益安全面临的风险挑战 ★

篇 三

★ 维护和塑造海外利益安全 ★

目录
CONTENTS

篇　四

★　公民防范应对海外安全风险　★

篇 五

★ 企业防范应对海外安全风险 ★

目　录
CONTENTS

篇一

全面理解海外利益安全

1　什么是海外利益？

　　海外利益是国家利益的海外延伸和重要组成部分。我国的海外利益涵盖政治、经济、社会、文化等多个方面，并由有形的地理空间拓展到无形的国际制度层面，已经成为密切我国与外部世界关系的重要因素、关系国计民生和国家安全的重大议题。随着我国综合国力显著提升，国际经贸合作深入发展，文化交流不断深化，人员往来日益密切，我国企业、机构、人员、资金等大规模"走出去"，海外利益的广度和深度不断拓展，事关我国发展和安全利益。

2 维护海外利益安全的法定要求是什么？

国家安全法第三十三条规定，国家依法采取必要措施，保护海外中国公民、组织和机构的安全和正当权益，保护国家的海外利益不受威胁和侵害。

> **相关知识** 《中华人民共和国国家安全法》
>
> 2015 年 7 月 1 日，十二届全国人大常委会第十五次会议表决通过了《中华人民共和国国家安全法》。国家安全法是国家安全领域的基础性法律，也是统筹引领国家安全领域立法工作的综合性法律，涵盖国家安全各个领域的内容，规定各个领域安全的主要任务和相关制度，为维护我国国家安全提供坚实的法律制度保障。

3 如何认识维护海外利益安全的重要意义？

当前，世界面临的不确定性和不稳定性突出，我国海外利益也面临诸多挑战和安全风险。随着我国深入推进高水平对外开放，尤其是共建"一带一路"高质量发展不断取得新成效，海外利益安全在国家安全中的重要性持续上升。海外利益安全能否得到有效维护，事关国家发展和安全大局，必须从战略高度和全局视野认识这项工作的重要意义。

习近平在第三次"一带一路"建设座谈会上强调　以高标准可持续惠民生为目标　继续推动共建"一带一路"高质量发展

4 党的二十大报告关于维护海外利益安全的重要阐述是什么？

党的二十大报告从党和国家事业发展的全局出发，对推进国家安全体系和能力现代化作出了战略部署。报告指出，要增强维护国家安全能力，包括加强海外安全保障能力建设，维护我国公民、法人在海外合法权益。

5 如何理解"十四五"时期海外利益安全工作的基本要求？

《中共中央关于制定国民经济和社会发展第十四个五年规划和二〇三五年远景目标的建议》强调，"健全促进和保障境外投资的法律、政策和服务体系，坚定维护中国企业海外合法权益，实现高质量引进来和高水平走出去"，并将构建海外利益保护和风险预警防范体系作为统筹发展和安全、确保国家经济安全的重要内容之一，这为我国"十四五"时期推进和加强海外利益保护工作提供了重要指引。

> **延伸阅读**　《中华人民共和国国民经济和社会发展第十四个五年规划和2035年远景目标纲要》
>
> 　　2021年3月，第十三届全国人民代表大会第四次会议通过《中华人民共和国国民经济和社会发展第十四个五年规划和2035年远景目标纲要》。《纲要》作为指导今后5年及15年国民经济和社会发展的纲领性文件，明确了"十四五"时期经济社会发展的指导思想、主要目标、重点任务、重大举措。贯穿《纲要》的逻辑主线是"三个新"：新发展阶段、新发展理念、新发展格局。

6　维护海外利益安全的指导思想是什么？

　　总体国家安全观是维护海外利益安全的指导思

想。总体国家安全观提出坚持统筹推进各领域安全，其中包括海外利益安全。维护海外利益安全要高度重视海外风险防范、加强海外利益保护。

> **相关链接**　**总体国家安全观**

2014年4月15日，习近平总书记主持召开十八届中央国家安全委员会第一次会议时，创造性提出总体国家安全观。总体国家安全观是习近平新时代中国特色社会主义思想的重要内容，也是我们党历史上第一个被确立为国家安全工作指导思想的重大战略思想，为谋划做好新时代国家安全工作提供了根本遵循。

总体国家安全观的核心要义，集中体现为"十个坚持"：坚持党对国家安全工作的绝对领导，坚持中国特色国家安全道路，坚持以人民安全为宗旨，坚持统筹发展和安全，坚持把政治安全放在首要位置，坚持统筹推进各领域安全，坚持把防范化解国家安全风险摆在突出位置，坚持推进国际共同安全，坚持推进国家安全体系和能力现代化，坚持加强国家安全干部队伍建设。

7 如何理解维护海外利益安全应坚持 "人民至上" 理念？

国家安全工作以人民安全为宗旨，坚持人民至上、生命至上。党的二十大报告指出，"加强海外安全保障能力建设，维护我国公民、法人在海外合法权益"。坚持以人民安全为宗旨，必须把维护我国公民海外正当权益和生命财产安全放在首位，必须以对人民负责、对国家负责、对未来负责的态度看待和开展维护海外利益安全工作。

> **〉重要论述　坚持人民至上**
>
> "江山就是人民，人民就是江山。"习近平总书记在党的二十大报告中强调，治国有常，利民为本。为民造福是立党为公、执政为民的本质要求。必须坚持在发展中保障和改善民生，鼓励共同奋斗创造美好生活，不断实现人民对美好生活的向往。2022年10月，习近平总书记在《求是》杂志发表重要文章《坚持人

民至上》，指出中国共产党根基在人民、血脉在人民。坚持以人民为中心的发展思想，必须坚持人民至上、紧紧依靠人民、不断造福人民、牢牢植根人民，并落实到各项决策部署和实际工作之中。

8 维护海外利益安全对于统筹发展和安全有何重要意义？

安全是发展的前提，发展是安全的保障。发展和安全是一体之两翼、驱动之双轮，只有统筹好发展和安全，方能确保我国经济沿着高质量发展的航道行稳致远。习近平总书记强调："我们要统筹国内国际两个大局、发展安全两件大事，既聚焦重点、又统揽全局，有效防范各类风险连锁联动。要加强海外利益保护，确保海外重大项目和人员机构安全。"统筹发展和安全，要求对海外利益的维护和拓展工作同等重视、同步谋划、共同推进，两者不可偏废。

9 如何从构建新发展格局的角度认识海外利益安全?

　　加快构建以国内大循环为主体、国内国际双循环相互促进的新发展格局,是《中共中央关于制定国民经济和社会发展第十四个五年规划和二〇三五年远景目标的建议》提出的一项关系我国发展全局的重大战略任务,需要从全局高度准确把握和积极推进。要重视以国际循环提升国内大循环效率和水平,改善我国生产要素质量和配置水平。要通过参与国际市场竞争,增强我国出口产品和服务竞争力,推动我国产业转型升级,增强我国在全球产业链供应链创新链中的影响力。我国企业的利益已延伸到全球各个角落,要注重了解国际事务,深入研究利益攸关国、贸易伙伴国、投资对象国的情况,做到心中有数、趋利避害。

> **重要论述** 构建新发展格局

　　党的二十大报告提出，必须完整、准确、全面贯彻新发展理念，坚持社会主义市场经济改革方向，坚持高水平对外开放，加快构建以国内大循环为主体、国内国际双循环相互促进的新发展格局。

习近平在中共二十届中央政治局第二次集体学习时强调　加快构建新发展格局　增强发展的安全性主动权

10　维护海外利益安全对推进对外开放有什么重要意义？

　　在建设更高水平开放型经济新体制的背景下，我国同国际社会的互联互动和利益融合空前密切，同各国经贸、科技、文化、教育、旅游等领域交流合作持续深化。要善于统筹国内国际两个大局，利用好国际国内两个市场、两种资源，织密织牢开放安全网。

2022 年 11 月 6 日，观众在上海举行的第五届进博会上参观"中国这十年——对外开放成就展"（新华社记者　张建松／摄）

11　如何建设更高水平的开放型经济新体制？

《中共中央关于制定国民经济和社会发展第十四个五年规划和二〇三五年远景目标的建议》指出，建设更高水平开放型经济新体制，应"全面提高对外开放水平，推动贸易和投资自由化便利化，推进贸易创新发展，增强对外贸易综合竞争力"，"健全促进和保障境外投资的法律、政策和服务体系，坚定维护中国企业海外合法权益，实现高质量引进来和高水平走出去"。

12 什么是共建"一带一路"倡议？

2013 年 9 月和 10 月，中国国家主席习近平在出访哈萨克斯坦和印度尼西亚期间，先后提出共建"丝绸之路经济带"和"21 世纪海上丝绸之路"的宏伟倡议，即共建"一带一路"倡议。共建"一带一路"坚持共商、共建、共享原则，秉持开放、绿色、廉洁理念，以高标准、可持续、惠民生为目标，不断深化政策沟通、设施联通、贸易畅通、资金融通、民心相通，已成为深受欢迎的国际公共产品和国际合作平台。截至 2023 年 1 月，我国已与 151 个国家和 32 个国际组织签署了 200 多份共建"一带一路"合作文件。

习近平在哈萨克斯坦纳扎尔巴耶夫大学
发表重要演讲

习近平在印度尼西亚国会发表重要演讲

13 如何正确认识和把握共建"一带一路"的成效和意义？

在党中央坚强领导下，我们统筹谋划推动高质量发展、构建新发展格局和共建"一带一路"，把基础设施"硬联通"作为重要方向，把规则标准"软联通"作为重要支撑，把同共建国家人民"心联通"作为重要基础，推动共建"一带一路"高质量发展，取得实打实、沉甸甸的成就。通过共建"一带一路"，提高了国内各区域开放水平，拓展了对外开放领域，推动了制度型开放，构建了广泛的朋友圈，探索了促进共同发展的新路子，实现了同共建国家互利共赢。

14 共建"一带一路"为我国海外利益带来哪些新变化？

　　共建"一带一路"的不断推进给我国海外利益带来重要变化。共建"一带一路"有助于连接亚洲、非洲、拉美、欧洲乃至世界更多地区，实现区域间互通有无、优势互补，健全全球供应链产业链，并将使我国进一步融入世界经济之中，推动我国与共建国家经

2021年6月7日，浙江金华至匈牙利首发中欧班列从"义新欧"金义新区平台启程（新华社发　胡肖飞／摄）

济联系更加紧密、政治互信更加深入、人文交流更加广泛，实现我国与更多国家发展战略的对接，编织更加紧密的共同利益网络，将双方利益融合提升到更高水平。

15 全球发展倡议的主要内容是什么？

2021年9月21日，习近平主席出席第七十六届联合国大会一般性辩论，并在题为《坚定信心，共克时艰，共建更加美好的世界》的重要讲话中提出全球发展倡议。该倡议以"六个坚持"为主要内容，主张坚持发展优先、坚持以人民为中心、坚持普惠包容、坚持创新驱动、坚持人与自然和谐共生、坚持行动导向，是解决世界发展难题的中国智慧，是完善全球治理体系的中国方案。

> **延伸阅读** "全球发展倡议之友小组"

　　2022年1月，中国常驻联合国代表团举行"全球发展倡议之友小组"启动会议，标志小组正式成立。联合国常务副秘书长阿明娜·穆罕默德女士致辞支持全球发展倡议。目前，已有60多个国家加入"全球发展倡议之友小组"。

习近平出席第七十六届联合国大会一般性辩论并发表重要讲话

16 如何认识海外利益安全在国家安全中的重要性？

　　海外利益安全是国家安全重点领域之一。维护海外利益安全是中国特色国家安全道路的重要体现。维护海外利益安全是统筹国内国际两个大局、统筹发展安全两件大事的应有之义。习近平总书记强调，保证国家安全是头等大事，提出总体国家安全观，涵盖政治、国土、经济、科技、文化、社会、生态、军事、网络、海外利益等诸多领域，要求全党增强斗争精神、提高斗争本领，落实防范化解各种风险的领导责任和工作责任。

17　为什么说维护海外利益安全是中国特色国家安全道路的重要体现？

中国特色国家安全道路要求我们把维护海外利益安全工作摆到重要位置。走中国特色国家安全道路，坚持国家利益至上，必须为我国海外利益提供坚强有力的保障；坚持以人民安全为宗旨，必须把维护我国公民海外正当权益和生命财产安全放在首位；坚持促进中华民族伟大复兴，必须以对人民负责、对国家负责、对未来负责的态度看待和开展维护海外利益安全工作。

18 2015 年《中国的军事战略》白皮书首提"海外利益攸关区",其主要内容包括哪些方面?

海外利益攸关区是与海外利益存在密切联系的区域。在中国不断扩大全方位对外开放的过程中,中国海外能源资源、战略通道安全和海外机构、人员、资产安全问题日益凸显,开展海上护航、撤离海外公民、应急救援等海外行动和海外利益攸关区安全合作,成为中国军队维护国家利益和履行国际义务的重要方式。中国的海外利益攸关区没有排他性和对抗性,不谋求划分势力范围和军事扩张。

> **▶ 相关链接** 《中国的军事战略》白皮书多次提及"维护海外利益"
>
> 在"军队使命和战略任务"中,白皮书明确"维护海外利益安全"是中国军队担负的战略任务之一。在"军事力量建设发展"中,白皮书提出,建设与国家安

全和发展利益相适应的现代海上军事力量体系，维护国家主权和海洋权益，维护战略通道和海外利益安全，参与海洋国际合作，为建设海洋强国提供战略支撑。

19　如何认识海上通道的重要性？

海上通道是我国对外贸易和进口能源资源的主要途径，保障海上航行自由安全至关重要。要加强沟通和合作，共同维护海上航行自由和通道安全，构建和平安宁、合作共赢的海洋秩序。

> **❯ 相关知识　我国重要的油气战略通道**
>
> 我国坚持通道多元、海陆并举、均衡发展，已初步形成海上通道和西北、西南、东北三条陆上油气进口通道，形成油气进口的四大战略通道。到2025年将基本形成"陆海并重"的通道格局。

20 如何理解海外利益安全与国际共同安全的关系？

推进国际共同安全是维护海外利益安全的重要途径，维护海外利益安全需要促进国际共同安全。面对日益复杂的国际和地区安全风险，各国同舟共济、携手合作是必然选择。我国要充分发挥大国外交优势，推动有关国家从双边关系大局出发，采取切实有效措施加强对我国在当地人员和机构的安全保护。继续推进双多边反恐磋商与务实合作，增强国际社会反恐合力，最大限度化解我国海外利益涉恐风险。积极开展自然灾害预防和应对、传染病防治等非传统安全领域国际合作，帮助有关国家提升防范应对能力，控制和减少相关突发事件对我国海外利益的冲击。

> ❯ **重要论述** 坚持推进国际共同安全
>
> 2020 年 12 月 11 日，习近平总书记在主持中共十九届中央政治局第二十六次集体学习时强调，要

坚持推进国际共同安全，高举合作、创新、法治、共赢的旗帜，推动树立共同、综合、合作、可持续的全球安全观，加强国际安全合作，完善全球安全治理体系，共同构建普遍安全的人类命运共同体。

21 全球安全倡议的核心要义是什么？

2022 年 4 月，习近平主席在博鳌亚洲论坛年会开幕式上首次提出全球安全倡议，并以"六个坚持"阐述要义，即坚持共同、综合、合作、可持续的安全观；坚持尊重各国主权、领土完整；坚持遵守联合国宪章宗旨和原则；坚持重视各国合理安全关切；坚持通过对话协商以和平方式解决国家间的分歧和争端；坚持统筹维护传统领域和非传统领域安全。"六个坚持"彼此联系，相互呼应，既有顶层设计的宏观思维，又有解决实际问题的方法路径，是辩证统一的有机整体。

> **相关知识** 《全球安全倡议概念文件》

2023年2月21日，我国发布《全球安全倡概念文件》，阐释全球安全倡议的核心理念与原则，明确重点合作方向和平台机制。该文件是推动落实全球安全倡议的重要举措，展现了中国维护世界和平的责任担当、守护全球安全的坚定决心。

《全球安全倡议概念文件》发布　展现中方守护全球安全的坚定决心

22 如何理解全球安全倡议的重要意义？

全球安全倡议具有十分重要的现实意义和时代价值。该倡议回应了国际社会维护世界和平、防止冲突战争的迫切需要；顺应了世界各国坚持多边主义、维护国际团结的共同追求；响应了各国人民共克时艰、携手开创疫后美好世界的普遍愿望。全球安全倡议体系完整，内涵丰富，是习近平外交思想在国际安全领域的重要应用成果，更是对西方地缘政治安全理论的扬弃超越。

中沙伊三国发表联合声明　多方赞赏中国推动沙特、伊朗恢复外交关系

篇二

海外利益安全面临的风险挑战

23　怎么认识当前我国海外利益安全面临的外部环境？

当前，世界百年未有之大变局加速演进，新一轮科技革命和产业变革深入发展，国际力量对比深刻调整。同时，逆全球化思潮抬头，单边主义、保护主义明显上升，世界经济复苏乏力，局部冲突和动荡频发，全球性问题加剧，世界进入新的动荡变革期。我国发展进入战略机遇和风险挑战并存、不确定难预料因素增多的时期，各种"黑天鹅"、"灰犀牛"事件随时可能发生。

24　我国海外利益主要面临哪些安全风险？

我国海外利益主要面临国际和地区局势动荡、部分国家政局不稳、社会治安恶化、恐怖主义活动多发、部分海域海盗袭击、重大自然灾害和传染病时有发生等风险，这些风险可能影响我驻外机构、项目及人员安全。

25 海外利益安全面临的政治风险包括哪些？

海外利益安全面临的政治风险包括所在国家和地区的政局变化、战争、武装冲突、社会动乱、民族宗教冲突等。

26 如何认识我国在境外企业及项目面临的经济金融风险？

经济金融风险是我国在境外企业及项目生产经营活动中面临的风险之一，包括因经济前景的不确定性、市场变化、汇率变动等带来损失的风险，可能影响项目进展、融资、结算、盈利等。企业应准确评估所在国经济形势，开展投资风险分析，合理安排投资结构，完善经营管理制度，妥善应对经济金融风险。

❯ **相关知识**　**什么是境外投资？**

　　根据商务部《境外投资管理办法》，境外投资是指在我国境内依法设立的企业通过新设、并购及其他方式在境外拥有非金融企业或取得既有非金融企业所有权、控制权、经营管理权及其他权益的行为。

❯ **延伸阅读**　**我国对外直接投资情况**

　　近年来，中国对外投资影响力不断扩大。商务部、国家统计局和国家外汇管理局联合发布的《2021年度中国对外直接投资统计公报》显示，2021年，中国对外直接投资流量1788.2亿美元，比上年增长16.3%，连续十年位列全球前三；2021年末，中国对外直接投资存量2.79万亿美元，连续五年排名全球前三。

27 我国企业数据出境面临何种风险?

我国企业数据出境可能面临的风险包括:(1)数据的境外接收方处理数据的目的、范围、方式在合法性、正当性、必要性等方面不适当;(2)出境数据在规模、范围、种类、敏感程度等方面把控不当,有可能对国家安全、公共利益、个人或者组织的合法权益带来风险;(3)数据的境外接收方承诺承担的责任义务,以及履行责任义务的管理和技术措施、能力等,不足以保障出境数据的安全;(4)数据出境中和出境后,面临被篡改、破坏、泄露、丢失、转移或者被非法获取、非法利用等风险。

> **相关知识** **什么是数据出境?**
>
> 2022年7月7日,国家网信办发布《数据出境安全评估办法》,认定数据出境行为包括:数据处理者将在境内运营中收集和产生的数据传输、存储至

境外；数据处理者收集和产生的数据存储在境内，境外的机构、组织或者个人可以访问或者调用。企业作为数据出境活动的主要实施者，其跨境贸易、跨境服务、跨境管理活动中，或多或少会涉及数据出境。特别是对于跨国公司而言，总部与分支机构之间、不同国家的分支机构相互之间，数据交互日益常态化。

28　如何认识我国在境外项目、企业人员面临的恐怖袭击风险？

　　近年来，国际恐怖主义活动多发，严重威胁我国在境外项目及企业人员安全，造成直接或连带伤亡的事件时有发生。国际恐怖主义活动对我国海外利益造成的威胁不容忽视，我国在有关国家企业及项目应密切关注所在地的形势，加大安防软硬件投入，制定切实可行的防恐应急预案并开展培训演练，密切与我使领馆联系，与第一时间能提供帮助的军警部门、医疗机构、周边社区等建立联系渠道。

> 相关知识 《中华人民共和国反恐怖主义法》对境外机构或人员遭受恐怖袭击的处置办法

《中华人民共和国反恐怖主义法》第五十九条规定，中华人民共和国在境外的机构、人员、重要设施遭受或者可能遭受恐怖袭击的，国务院外交、公安、国家安全、商务、金融、国有资产监督管理、旅游、交通运输等主管部门应当及时启动应对处置预案。国务院外交部门应当协调有关国家采取相应措施。中华人民共和国在境外的机构、人员、重要设施遭受严重恐怖袭击后，经与有关国家协商同意，国家反恐怖主义工作领导机构可以组织外交、公安、国家安全等部门派出工作人员赴境外开展应对处置工作。

29 当前国际恐怖主义活动的高发区有哪些？

联合国安理会 2023 年 2 月发布的报告显示，非洲中部、南部、萨赫勒地区以及阿富汗等南亚地区政局动荡、冲突频发，是恐怖主义活动的高发区。

> **❯ 相关链接** **恐怖活动和国际主要恐怖组织**
>
> 恐怖活动是指恐怖分子制造的危害社会稳定、危及平民的生命与财产安全的一切形式的活动，通常表现为针对平民的大规模伤害、袭击公共交通工具和绑架等形式。恐怖活动以政治或意识形态为主要诉求，不包含以抢夺金钱或有价财物为目的的强盗行为。目前，国际主要恐怖组织有"基地"组织、"伊斯兰国"、"东伊运"等。

30 如何认识当前全球海盗活动情况？

国际海事局（IMB）2023 年初发布的报告显示，2022 年，全球共发生 115 起针对船舶的海盗和武装劫持事件，其中约一半发生在东南亚海域。几内亚湾的海盗活动总体有所减少，共发生 19 起。同时，红海南部和亚丁湾海域仍然存在海盗威胁。

2015 年 7 月 7 日，中国海军护航编队在护航过程中举行反海盗演练（新华社发　曾涛／摄）

31 流行病如何影响我国海外利益安全?

　　严重流行病会影响海外中国公民的生命健康及其他正当权利，包括合法居留、合法就业、法定社会福利和人道主义待遇等。与此同时，严重流行病诱发诸多国际安全风险，对我国海外利益安全形成挑战。也要看到，我国在预防控制流行病和统筹经济社会发展方面具有制度优势、能力优势，坚定维护以联合国为核心的国际体系，践行人类命运共同体理念，在抗疫国际合作中发挥引领作用，大力倡导构建人类卫生健康共同体。各方对中国主张普遍欢迎和积极评价，对中国方案的期待与借重上升。

中国外交部：面向海外同胞开展"温暖迎春"专项活动

2020 年 4 月 17 日，在奥地利首都维也纳的中国驻奥地利大使馆前，中国留学生展示"健康包"内的防疫物品（新华社记者　郭晨 / 摄）

32　自然灾害对我国海外利益安全有何影响?

　　地震、海啸等自然灾害对境外中国公民的生命健康和财产安全，以及海外项目的实施推进、安全运营构成直接挑战。此外，自然灾害诱发的非传统安全与传统安全风险对我国海外利益安全构成潜在挑战。

33 如何认识和把握共建"一带一路"面临的总体形势？

一方面，经济全球化大方向没有变，国际格局发展战略态势对我国有利，共建"一带一路"仍面临重要机遇。另一方面，新一轮科技革命和产业革命带来的激烈竞争前所未有，气候变化、疫情防控等全球性问题给人类社会带来的影响前所未有，共建"一带一路"面临的国际环境日趋复杂。

34 共建"一带一路"面临何种经济风险？

世界进入新的动荡变革期，地缘政治紧张与经济格局演变叠加，冲击共建"一带一路"的国际环境和合作架构。世界经济下行压力增大、衰退风险上升；大宗商品价格持续上涨、能源供应紧张等风险相互交织；全球低通胀环境发生明显变化，复合型通胀风险正在显现；单边主义、保护主义上升，加剧了经济复苏进程的不确定性。"一带一路"沿线国家多是发展中国家，在上述风险挑战中首当其冲，不少国家经济社会发展遇到较大困难，各种不稳定不确定因素增多，成为共建"一带一路"在经济领域面临的突出风险。

篇三

维护和塑造海外利益安全

35　健全国家安全体系对维护海外利益安全提出什么要求？

党的二十大报告提出要健全国家安全体系，包括完善重点领域安全保障体系和重要专项协调指挥体系。要健全反制裁、反干涉、反"长臂管辖"机制。要完善国家安全力量布局，构建全域联动、立体高效的国家安全防护体系。构建海外利益保护和风险预警防范体系，是健全国家安全体系的重要内容。

36　防范化解重大风险对维护海外利益安全提出什么要求？

2019 年 1 月 21 日，习近平总书记在省部级主要领导干部坚持底线思维着力防范化解重大风险专题研讨班开班式上指出："世界大变局加速深刻演变，全球动荡源和风险点增多，我国外部环境复杂严峻。我们要统筹国内国际两个大局、发展安全两件大事，既聚焦重点、又统揽全局，有效防范各类风险连锁联动。要加强海外利益保护，确保海外重大项目和人员机构安全。要完善共建'一带一路'安全保障体系，坚决维护主权、安全、发展利益，为我国改革发展稳定营造良好外部环境。"

央视快评：坚持底线思维着力防范化解重大风险

37 如何坚持预防在先，维护我国海外利益安全？

维护海外利益安全，防胜于治，功在平时。无论是机构还是个人"走出去"，都要常存风险意识，充分了解风险，提前发现隐患，做好安全防护，规避各类安全风险，最大限度减少或避免损失。要健全"走出去"服务保障体系，加强国别安全风险评估工作，完善境外风险预警和信息通报制度，指导境外人员有针对性地开展风险防范，强化安保措施。

> **❯ 相关知识　对外投资合作境外安全风险预警和信息通报制度**
>
> 　　2010年，为完善境外安全风险防控体系，指导企业加强境外安全风险防范，保障"走出去"战略顺利实施，商务部制定了《对外投资合作境外安全风险预警和信息通报制度》。《制度》明确了境外安全风险的种类，规定了境外安全风险预警和信息通报的程序、内容和形式，并对各驻外经商机构、各地商务主管部门、有关商（协）会做好风险预警和信息通报工作提出了具体要求。

38 当前维护我国海外利益安全具备哪些有利条件？

　　当前，维护我国海外利益安全具备以下有利条件：（1）党和政府高度重视，党的二十大提出，加强海外安全保障能力建设，维护我国公民、法人在海外合法权益。国家安全法将维护国家海外利益列为维护国家安全的重要任务。（2）党和国家事业取得历史性成就，发生历史性变革，为维护海外利益安全提供了坚实有力保障。（3）海外安全保障工作体制机制不断完善，防范应对风险能力不断提升。2014 年开设外交部全球领事保护与服务应急热线，努力做到我国公民在海外走到哪里，领事保护和服务就跟进到哪里。

> **延伸阅读**　**外交部全球领事保护与服务应急热线**

　　为更好践行"外交为民"、向海外中国公民提供更加便捷、高效的领事保护与服务，外交部于 2014 年 9 月 2 日开通全球领事保护与服务应急热线（12308 热线）。12308 热线秉持"为民、惠民、利民"宗旨，全天候、零时差、无障碍地向海外中国公民提供领事保护与咨询服务。12308 热线的主要功能有：为遇到紧急情况的求助人提供领保应急指导与咨询，必要时协调有关驻外使领馆跟进处理；向求助人介绍一般性领保案件的处置流程；在发生重大突发领保案件时，承担应急处置"热线"功能。考虑到少数国家拨打短号码较为困难，当事人还可拨打"+861065612308"寻求帮助。

39 我国境外安保工作主要依托哪些机制？

　　我国建立了中央、地方、驻外使领馆、企业和公民相互联动的境外安保工作网络，形成了立体式领事保护机制模式，海外安全应急和保障能力显著提升。2004 年 10 月建立"境外中国公民和机构安全保护工作部际联席会议"机制。2007 年 8 月，外交部领事保护中心正式成立，这是我国更有效维护海外中国公民和企业安全与合法权益的一项重大举措。

> **相关知识**　外交部领事保护中心

　　外交部领事保护中心于 2007 年 8 月 23 日在北京正式成立，主要承担领事保护与协助工作，拟订领事保护与协助政策规定，发布领事保护与协助预警信息；指导有关单位处理领事保护案件，组织预防性领保宣传及培训活动等。

40 "境外中国公民和机构安全保护工作部际联席会议"是什么？

　　"境外中国公民和机构安全保护工作部际联席会议"机制于 2004 年 10 月建立。该机制负责统筹协调涉我人员和机构安全的境外突发事件应急处置工作，组织开展涉我人员和机构的安全风险预警，并从事预防性领事保护等工作。该机制由外交部牵头，30 家有关单位组成。

41　如何构建境外应急管理体系？

　　当前，我国境外突发事件发生频率较高、数量较大，造成人身伤亡和经济损失，应急处置难度较高。我国境外突发事件应急管理体系包括应急管理主体、法制、运行实施和应急保障要素，各要素的互动是实现预防预警、协调联动、信息共享、应急处置、资源配置等功能的基础。主要措施有外交与领事保护、国际合作、中资企业自身应急管理、安保公司安保服务等。

42　境外应急预案的主要内容包括哪些？

　　境外应急预案是组织管理、指挥协调相关应急资源和应急行动，应对境外各类突发事件的整体计划和程序规范。应急预案的主要内容应包括：总则、组织机构与职责、风险分析与应急能力评估、预防预警、应急响应、应急保障、预案管理、附则等。

43 外交工作如何协助企业做好境外突发安全事件应对处置？

外交工作坚持以人民为中心，从维护海外利益安全的高度出发，全力保护在境外项目及企业人员安全。在有关国家局势面临不稳定不确定因素时，及时指导我国企业妥善应对，最大限度规避风险隐患。在境外项目及企业发生重大安全事件时，全力协调各方力量，协助和指导我国企业妥善处理，最大限度维护我国人员安全。

44 "走出去"公共服务平台主要有哪些功能?

2015 年，商务部建立"走出去"公共服务平台（http://fec.mofcom.gov.cn），为我国企业"走出去"开展相关业务提供政策咨询、业务办理、信息共享等权威公共服务和产品，是"走出去"相关业务的重要展示窗口。目前，该平台共设有服务"一带一路"、国别（地区）指南、境外安全风险防范等 10 个主栏目，页面访问量累计达 2.6 亿次，最高日访问量超过 10.3 万人次。

45 如何理解社会力量在维护海外利益安全中的作用？

社会力量是海外利益保护体系建设的有益补充和重要延伸。健全维护海外利益安全的制度和体系，需要利用社会力量"触角"广泛、"身段"灵活、"行动"高效的特点，从法律、制度设计角度充分考虑社会力量的积极作用，加强国家对社会力量"走出去"的指导、管理和监督。

46 我国维护海外利益安全的立法现状如何？

国家安全法规定，国家依法采取必要措施，保护海外中国公民、组织和机构的安全和正当权益，保护国家的海外利益不受威胁和侵害。国防交通法规定，国家驻外机构和我国从事国际运输业务的企业及其境外机构，应当为我国实施国际救援、海上护航和维护国家海外利益的军事行动的船舶、飞机、车辆和人员的补给、休整提供协助。国防法规定，中华人民共和国遵循以联合国宪章宗旨和原则为基础的国际关系基本准则，依照国家有关法律运用武装力量，保护海外中国公民、组织、机构和设施的安全。外交部、商务部等制定的部门规章也就维护海外利益安全作了相关规定。

> 延伸阅读　《中华人民共和国反恐怖主义法》中的海外利益保护

《中华人民共和国反恐怖主义法》第四十一条规定，国务院外交、公安、国家安全、发展改革、工业和信息化、商务、旅游等主管部门应当建立境外投资合作、旅游等安全风险评估制度，对中国在境外的公民以及驻外机构、设施、财产加强安全保护，防范和应对恐怖袭击。

47 什么是涉外法治？

涉外法治是法治中国建设的重要组成部分，是以法治方式处理国际事务和推进全球治理的重要实践，是维护和塑造海外利益的重要途径，体现在运用法治思维和法治方式处理各类涉外事务，包括立法、执法、司法、守法和法律服务等多个环节。

48 如何理解"加快涉外法治工作战略布局"？

2020 年 11 月 16 日，习近平总书记在中央全面依法治国工作会议上发表重要讲话，提出："要加快涉外法治工作战略布局，协调推进国内治理和国际治理，更好维护国家主权、安全、发展利益。"要提高涉外工作法治化水平，坚持用规则说话，靠规则行事；加快形成系统完备的涉外法律法规体系，提升涉外执法司法效能，努力补齐短板；建立有约束的国际协议履约执行机制，进一步完善市场化、法治化、国际化营商环境；引导企业、公民在"走出去"过程中更加自觉地遵守当地法律法规和风俗习惯，运用法律和规则维护自身合法权益；建设一支高素质涉外法律服务队伍，建设一批高水平涉外法律服务机构，把涉外法治保障和服务工作做得更有成效。

49 《中华人民共和国反外国制裁法》核心内容是什么？

2021 年 6 月 10 日，十三届全国人大常委会第二十九次会议表决通过《中华人民共和国反外国制裁法》。该法规定，中华人民共和国反对霸权主义和强权政治，反对任何国家以任何借口、任何方式干涉中国内政。外国国家违反国际法和国际关系基本准则，以各种借口或者依据其本国法律对我国进行遏制、打压，对我国公民、组织采取歧视性限制措施，干涉我国内政的，我国有权采取相应反制措施，主要包括：不予签发签证、不准入境、注销签证或者驱逐出境；查封、扣押、冻结在我国境内的动产、不动产和其他各类财产；禁止或者限制我国境内的组织、个人与其进行有关交易、合作等活动。

> **延伸阅读** 《中华人民共和国反外国制裁法》的重要意义

　　该法的出台是反击某些西方国家霸权主义和强权政治的迫切需要，是维护国家主权、安全、发展利益的迫切需要，是统筹推进国内法治和涉外法治的迫切需要，具有重要现实意义和长远意义。法律的出台和实施，将有利于依法反制一些外国国家和组织对我国的遏制打压，有力打击境外反华势力和敌对势力的嚣张行径，有效提升我国应对外部风险挑战的法治能力，加快形成系统完备的涉外法律法规体系。

50　我国法律法规还规定了哪些反制性质的措施？

2020 年 10 月，十三届全国人大常委会第二十二次会议通过的《中华人民共和国出口管制法》第四十八条规定："任何国家或者地区滥用出口管制措施危害中华人民共和国国家安全和利益的，中华人民共和国可以根据实际情况对该国家或者地区对等采取措施。"2020 年 9 月和 2021 年 1 月，经国务院批准，商务部先后发布《不可靠实体清单规定》和《阻断外国法律与措施不当域外适用办法》，也作了相关反制规定。

> **❯ 延伸阅读**　**我国不可靠实体清单机制发展历程**
>
> 　　2019 年 5 月 31 日，中华人民共和国商务部新闻发言人称，中国将建立不可靠实体清单制度。那些基于非商业目的对中国实体实施封锁、断供或其

他歧视性措施对中国相关产业造成实质损害，对中国国家安全构成威胁或潜在威胁的外国法人、其他组织或个人将列入其中。2020 年 9 月 19 日，商务部公布《不可靠实体清单规定》，自公布之日起施行。2023 年 2 月 16 日，商务部发布不可靠实体清单工作机制公告，决定将参与对台湾地区军售的洛克希德·马丁公司（Lockheed Martin Corporation）、雷神导弹与防务公司（Raytheon Missiles & Defense）列入不可靠实体清单。

51 我国为什么要积极遂行海外非战争军事行动？

《新时代的中国国防》白皮书指出："进入新时代，中国军队依据国家安全和发展战略要求，坚决履行党和人民赋予的使命任务，为巩固中国共产党领导和社会主义制度提供战略支撑，为捍卫国家主权、统一、领土完整提供战略支撑，为维护国家海外利益提供战略支撑，为促进世界和平与发展提供战略支撑。""四个战略支撑"阐明了我军在新时代的使命任务，同时也为我军遂行海外非战争军事行动需要达成的效果作用提供了根本遵循。从实践看，海外非战争军事行动是国家利益拓展和适应时代要求的内在要求，有利于维护国家海外利益、塑造负责任大国形象，其地位作用将随着我国国际地位的提升和海外利益的拓展愈发凸显。国家安全法规定，通过"实施联合国维和、国际救援、海上护航和维护国家海外利益的军事行动，维护国家主权、安全、领土完整、发展利益和世界和平"。

52 什么是国际维和行动？

国际维和行动是指为防止、控制或解决武装冲突而由联合国或其他国际组织合法授权，经冲突方邀请或同意，由联合国、其他国际组织或有关国家实施的非强制性军事和民事行动，包括维持停火、隔离交战方部队、进行预防性部署、执行全面和平协议、实施建设和平行动等。

> **延伸阅读**　我国积极参与联合国维和行动

　　中国是联合国安理会常任理事国中派出维和人员最多的国家，是联合国第二大维和出资国。30 多年来，中国军队先后参加 25 项联合国维和行动，累计派出维和官兵近 5 万人次。中国蓝盔不畏艰险、履职尽责，在任务区监督停火、保护平民、稳定局势、救死扶伤、播撒希望，为促进和平解决争端、维护安全稳定、加快有关国家经济和社会发展作出积极贡献，受到各方高度赞誉。

53　我国第一个海外保障基地在哪？

　　中国人民解放军驻吉布提保障基地是我国第一个海外保障基地，2017 年 8 月 1 日正式投入使用，位于吉布提共和国首都吉布提市。2008 年 12 月以来，为打击海盗活动，我国在联合国授权下开始派遣护航编队在亚丁湾、索马里海域执行护航任务。建设驻吉布提保障基地，主要是为我国在西亚和非洲遂行护航、维和、人道主义救援任务提供保障。

2017 年 7 月 11 日，搭载驻吉布提保障基地官兵的舰船解缆起航。当日，中国人民解放军驻吉布提保障基地成立暨部队出征仪式在广东湛江某军港码头举行（新华社记者　吴登峰 / 摄）

中国人民解放军驻吉布提保障基地新年开训

54 什么是国际护航行动？

　　国际护航行动是指根据联合国呼吁，派出海军兵力赴指定海域和海峡通道，保护船只及其所载人员、物资安全，防范、慑止和打击恐怖袭击、海盗抢劫等违法犯罪活动的非战争军事行动，是海外军事行动的基本样式，也是世界主要国家海军威慑不法分子、维护海上通道安全的通行做法。

> **❯ 典型案例　亚丁湾护航**
>
> 　　2008 年 12 月 26 日，由武汉舰、海口舰和微山湖舰组成的首批舰艇编队从三亚启航，赴亚丁湾索马里海域执行护航任务。10 余年来，中国海军已连续派出 40 余批舰艇编队赴亚丁湾、索马里海域执行护航任务，安全护送 1500 多批 7100 余艘次船舶，其中外籍船舶超过 50%，为维护国际重要水道安全作出积极贡献。护航编队还曾参与叙利亚化武

海运联合护航、马航失联客机联合搜救、向马尔代夫运送救灾用淡水、协助中外人员撤离也门等临时行动，积极提供国际公共产品，履行国际人道主义义务。

2013年8月21日，中国海军第十四批、十五批护航编队舰艇在亚丁湾海域为商船实施安全护送（新华社记者 梁舜/摄）

中国海军第 43 批护航编队起航奔赴亚丁湾

55 什么是海外中国公民撤离行动?

　　海外中国公民撤离行动是指境外发生重大突发事件时,我国政府为保护在当地的中国公民安全而采取的防护性行动,是确保海外中国公民人身安全的必要之举。

> **❯ 典型案例　也门撤侨**
>
> 　　2015年3月26日,也门安全形势骤然恶化,在也门的中国公民面临严峻安全威胁。在党中央的统一领导部署下,我国动用海军护航编队分5批次成功撤出613名中国公民,并协助其他15个国家270多名外国公民安全撤离。此次撤侨行动是我国首次以军舰为主要运输工具的维护海外利益的成功尝试。

《大国行动:中国海军也门撤侨纪实》

2015 年 3 月 29 日，中国海军第十九批护航编队临沂舰抵达也门亚丁港，帮助准备撤离的中国同胞进行安全检查（新华社发　熊利兵/摄）

56　如何维护共建"一带一路"安全?

维护共建"一带一路"安全应全面强化风险防控，压紧压实企业主体责任和主管部门管理责任。探索建立境外项目风险的全天候预警评估综合服务平台，及时预警、定期评估。加强海外利益保护、国际反恐、安全保障等机制的协同协作。教育引导我国在海外企业和公民自觉遵守当地法律，尊重当地风俗习惯，各类企业要规范经营行为。加快形成系统完备的反腐败涉外法律法规体系，加大跨境腐败治理力度。

57 党的二十大报告对积极参与全球治理提出了什么要求？

党的二十大报告指出，中国积极参与全球治理体系改革和建设，践行共商共建共享的全球治理观，坚持真正的多边主义，推进国际关系民主化，推动全球治理朝着更加公正合理的方向发展。坚定维护以联合国为核心的国际体系、以国际法为基础的国际秩序、以联合国宪章宗旨和原则为基础的国际关系基本准则，反对一切形式的单边主义，反对搞针对特定国家的阵营化和排他性小圈子。推动世界贸易组织、亚太经合组织等多边机制更好发挥作用，扩大金砖国家、上海合作组织等合作机制影响力，增强新兴市场国家和发展中国家在全球事务中的代表性和发言权。中国坚持积极参与全球安全规则制定，加强国际安全合作，积极参与联合国维和行动，为维护世界和平与地区稳定发挥建设性作用。

58 为什么要坚决反对保护主义？

保护主义不符合市场规律、不符合国际规则、更不符合历史发展规律，不仅无益于实施保护措施的国家，甚至可能引发更大的全球性危机。保护主义抑制全球共同发展，不利于国际专业化分工程度的提升和生产效率的提高，阻碍了商品和服务、资本和技术等要素在全球范围内自由流动，资源无法得到有效配置，危害世界经济发展。各国应携手反对一切形式的保护主义，反对搞针对特定国家的阵营化和排他性小圈子，维护自由、开放、非歧视的多边贸易体制。

59 如何理解国际执法安全合作对维护海外利益安全的重要意义？

打击跨国犯罪活动，加强国际警务执法合作，已成为各国、各地区执法部门的一项重要课题。我国公安机关充分利用多种资源和渠道，与有关国家执法部门密切合作，对各类跨国犯罪活动始终坚持"零容忍"。侵害国家和人民利益的跨国犯罪活动蔓延到哪里，国际合作和专项打击的触角就延伸到哪里。同时，我国综合国力不断提升，在促进国际多领域合作方面发挥着越来越重要的作用。加强国际执法安全合作有利于维护我国海外机构、企业和人员安全；有利于深化各国执法互信，为经贸合作、人员往来提供安全保障；有利于服务国家外交大局，促进参与全球安全治理；有利于彰显大国责任和使命担当，为维护全球和地区安全稳定贡献更多"中国智慧"、"中国力量"。

❯ 典型案例　湄公河联合执法

2011 年 10 月发生了令人心痛的"湄公河惨案"，我两艘商船在湄公河金三角水域遭遇袭击，船员不幸罹难。"湄公河惨案"发生后，党中央、国务院高度重视。中国警方突破创新、攻坚克难，不断建立完善与老挝、缅甸、泰国有关部门的联络协作机制，在信息交流、联合清剿、协作抓捕、证据交换、共同审讯、嫌疑人移交等方面大胆创新、务实合作，促进案件侦破工作的高效开展。最终，这一"几乎不可能侦破的案件"在中老缅泰四国警方

2013 年 3 月 1 日，"湄公河惨案"首要嫌凶糯康被押赴刑场前的最后 40 分钟（新华社记者　王申 / 摄）

（包括军方）的共同协作下，只用了 10 个月时间便成功告破，并开创了中国国际警务合作的多个第一。2011 年 12 月，我国和缅甸、老挝、泰国三国执法部门共同开展湄公河联合巡逻执法，确保湄公河航运安全。

60 我国向外派驻的警务联络官主要发挥什么作用？

警务联络官是指由公安部派驻到我国驻外使领馆，以外交人员身份代表公安部与驻在国开展警务交流合作的公安民警。警务联络官既是国际执法合作的"排头兵"，又是对外合作的"桥梁"和"纽带"。近年来，警务联络官积极加强与驻在国各领域警务合作，包括：推动两国执法高层互动交流，凝聚更多合作共识；全面推进与驻在国在反恐、禁毒、打击跨国犯罪等领域的务实合作；贯彻"执法为民"

理念，与驻在国警方加强在外中国机构和人员保护合作；与驻在国执法部门开展经验交流和能力建设合作，共同提升执法能力水平。通过长期艰苦努力和拼搏付出，警务联络官工作有力推动了双边执法合作，赢得了外国警方的充分肯定和海外华人华侨的广泛赞誉。

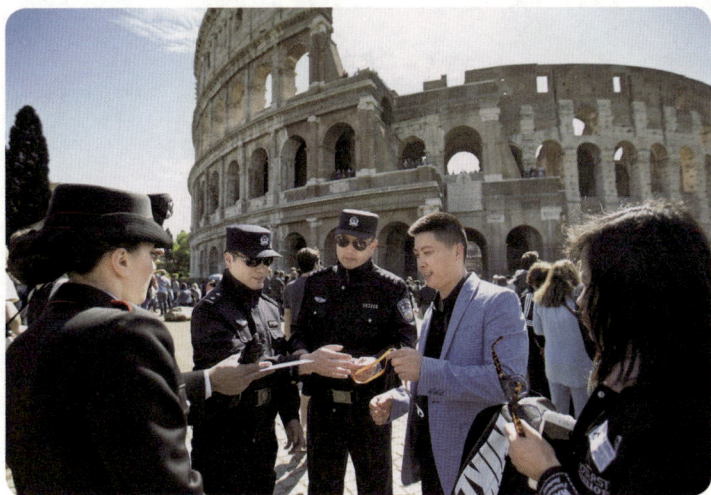

2016 年 5 月 2 日，中意首次联合警务巡逻在意大利罗马启动。在意大利罗马斗兽场外，中方警员在核查一个中国旅游团的证件（新华社记者　金宇 / 摄）

篇四

公民防范应对海外安全风险

61 公民在海外的安全利益有哪些？

公民在海外的安全利益主要有：人身安全、财产安全、作为居住在当地的外国人的法定权益、向驻外使领馆寻求协助的权益等。

62 公民在海外常见安全风险有哪些？

影响公民在海外安全的主要因素包括所在国当地政策法规、政治经济形势、自然或非自然灾害以及防范风险的意识和能力等。各国突发的安全风险可能不同，即便在同一国家，安全风险也可能随形势的变化而变化。公民在海外的常见安全风险主要有：社会动荡类风险（如示威、骚乱、恐怖袭击、战乱等）、治安经济类风险（如偷盗、抢劫、枪击、诈骗犯罪等）、自然灾害类风险（如火山爆发、水灾、地震、台风、海啸等）、旅行户外类风险（如溺水、交通事故等）、疾病疫情类风险（如突发疾病、感染流行病、心理健康问题等）、涉法律法规类风险（如卷入当地司法案件、服务纠纷、入境受阻等）。

2016年10月25日，9名遭索马里海盗绑架后获救的中国同胞安全抵达广州白云国际机场。外交部工作组在白云机场举行了简短的欢迎仪式，欢迎被绑架船员回国（新华社发）

63 我国发布的海外安全提醒分为几个级别？

我国外交部及有关驻外使领馆发布的海外安全提醒共分三个级别，由低到高分别是"注意安全"、"谨慎前往"和"暂勿前往"。如果我国公民在"暂勿前往"提醒发布后仍坚持前往有关国家，有可能导致当事人面临极高安全风险，并将严重影响其获得协助的实效。

> **❯ 典型案例　外交部发布海外安全提醒**
>
> 2023 年 1 月，针对伊拉克安全形势严峻、恐怖袭击多发等情况，外交部和中国驻伊拉克使领馆提醒中国公民近期谨慎前往伊拉克卡尔巴拉、瓦西特、纳杰夫、迪瓦尼亚、穆萨纳、济加尔、米桑、巴士拉、埃尔比勒、杜胡克、苏莱曼尼亚、巴比伦等 12 省，已在当地人员和机构密切关注局势发展，保持高度警惕，加强安全防范和应急准备，确保人身和

财产安全，暂勿前往伊拉克其他地区，已在当地人员和机构尽快撤离或转移至相对安全区域。

64 中国公民海外旅行风险等级的红、橙、黄、蓝是什么意思？

针对旅行风险等级为红色的国家和地区，外交部提醒中国公民近期暂勿前往，已在当地人员和机构尽快撤离或转移至相对安全区域；针对旅行风险等级为橙色的国家和地区，外交部提醒中国公民近期谨慎前往，已在当地人员和机构密切关注局势发展，保持高度警惕，加强安全防范和应急准备，确保人身和财产安全；针对旅行风险等级为黄色的国家和地区，外交部提醒当地中国公民密切关注当地安全形势，提高警惕，加强防范，注意安全，确保人身和财产安全；针对旅行风险等级为蓝色的国家和地区，外交部无相关安全提醒。

> **典型案例** 外交部将阿富汗旅游风险等级定为"红色"

　　2023 年 2 月，针对阿富汗安全形势更趋严峻，外交部将该国旅游风险等级定为"红色"。提醒在阿中国公民和机构务必注意安全，加强防范和应急准备，外出时采取严密安保措施，如非必要，应尽快离阿。如遇紧急情况，及时报警并与中国驻阿富汗大使馆联系。

65 公民在国外如何获取自身安全相关信息？

　　走出国门应时刻牢记自己是第一安全责任人。公民在出国前应根据旅行目的和安排，事先了解当地的安全风险、法律法规和注意事项，做足相关准备。在出国后，应持续关注所在地安全形势变化，及时做好应对准备。获取目的地相关信息的主要渠道有：中国领事服务网（http://cs.mfa.gov.cn）、中国领事 APP、领事直通车新媒体平台、中国领事保护与协助指南；中国驻外使领馆官方网站；外国当地政府的官方网站及主要新闻媒体等。对来自各类社交媒体等非官方渠道获得的信息，要谨慎对待，做到不轻信、不盲从。

中国领事服务网　　领事直通车微信　　中国领事 APP 二维码
　　　　　　　　　公众号二维码

66 公民在海外如何更好地回避和预防安全风险？

　　预防是最好的保护，大多数海外安全事故是可以避免的。在海外中国公民应增强安全风险意识，采取必要措施，提高自身防范和应对能力。除事先了解并及时获取外国安全相关信息外，要尽量避开高风险时段（在一些国家夜晚外出容易发生安全事故）、高风险地点（在同一国家、同一城市有的地区治安状况相对较差，交通枢纽、旅游热点地区以及酒吧、大型庆祝活动现场等人群聚集地点发生事故的风险较高）、高风险群体（如无家可归者、精神疾病患者或酗酒吸毒者）和高风险活动（如冲浪、岩钓、极限运动等）。

67 公民出国前可以做好哪些安全防范措施？

（1）保管好身份证件。在国外期间的身份证件包括护照、旅行证、当地的居留证、工作许可证、社会保险卡等。许多情况下，国内的居民身份证也可帮助我国驻外使领馆确定当事人的身份。（2）准备"个人信息卡"。建议将护照资料页复印，复印件背后写上紧急情况联系人的姓名、地址、电话，将此页塑封做成"个人信息卡"，一份本人长期随身携带，一份留在国内直系亲属处以备不时之需。（3）购买保险。公民出国前及在海外居留期间，购买必要的人身意外和医疗等方面保险，以防万一。（4）了解国情。了解目的国风土人情、气候变化、治安状况、流行病疫情、海关规定（食品、动植物制品、外汇方面的入境限制）等信息，并采取必要应对或预防措施。（5）预防接种。根据旅行目的国的疫病流行情况，进行必要的预防接种，并随身携带接种证明（俗称"黄皮书"），以备进入目的国边境时检查。（6）检查证件。检查护照有效期（剩余有效期应在一年以上）、空白页（应有两页以上空白页），办妥目的国入境签证和经停国家过境签证，核对机（车、船）票上姓名、时间、地点等信息，避免因证件问题影响旅行。（7）在中国领事 APP 进行海外中国公民登记，查明中国使领馆的联系方式，确保紧急情况下能够及时联络求助。（8）勿带禁品，慎带药品，少带现金。（9）维护权益。如被一国拒绝入境，在等待该国安排适合交通工具返回时，应要求该国提供人道待遇，保障饮食、休息等基本权利。

68 公民入境外国受阻怎么办？

　　按照国际惯例，即使持有效护照及拟入境国有效签证，该国移民官员仍有权拒绝入境。如入境受阻，要保持冷静，尽量向对方了解拒绝入境的原因，同时如实说明情况，尽可能提供相关证明材料，争取对方放行。如果认为受到不公正对待，可以收集和保存证据，例如，在哪个柜台办理、当值官员的编号或姓名等，日后通过投诉或司法途径维护权益。可与我国驻当地使领馆联系求助，使领馆会在客观条件允许的情况下，向移民官员了解并说明情况，但使领馆无权干涉对方官员依法执行公务和主管部门作出决定，也不能保证有关人员一定被允许入境。

69 公民出境后应如何提高安全防范意识？

注意防盗、防抢、防诈、防骗。出门尽量不要随身携带贵重物品或大量现金，也不要在居住地存放大量现金。不要在车内的明处摆放贵重物品。不要在黑暗处招呼出租车，不要轻易搭乘陌生人的车或让陌生人搭乘自己的车。不要将文件、钱包、护照等重要物品放在易被利器划开的塑料袋中。不要在黑市上换汇，也不要通过微信、支付宝与不认识的人换汇。如警察检查护照等证件，应予配合，同时可请其出示证件，记下其警牌号、警车号。

70 公民在海外遇到安全事件时可以寻求哪些帮助？

要善用当地资源，紧急情况应及时报警求助，寻找律师依法维护正当合法权益，寻求当地其他救助资源及必要的帮助。主动寻求亲友的帮助。寻求我国驻外使领馆协助。我国公民在海外如遇紧急情况，可拨打外交部全球领事保护与服务应急热线（+86-10-12308）或我国驻当地使领馆领保协助电话。驻外使领馆将在职责范围内，根据当事人实际情况提供协助，维护其正当、合法权益。寻求他人帮助时，应如实、准确提供相关信息，并对信息的真实性负责。

必要时拨打外交部全球领事保护与服务应急热线

71 我国驻外使领馆领事保护的对象有哪些?

凡依照《中华人民共和国国籍法》具有我国国籍者，都可以受到我国政府的领事保护。也就是说，只要是我国公民，无论是定居国外的华侨，还是临时出国的旅行者；无论是我国大陆居民，还是香港、澳门和台湾同胞，都是我国驻外使领馆提供领事保护的对象。

72 公民在何种情况下可以获得领事保护?

中国公民可获得以下领事保护和协助：（1）如接受国发生重大突发事件危及人身安全，可以根据情况，敦促接受国主管部门及时妥善处置，联系、协调有关组织或机构提供救助；（2）如在外国服刑或被拘留、逮捕，可应要求或经同意进行领事探视；(3)如遭遇意外事故无法与国内亲属联络，可以协助将情况通知国内亲属；(4)如因财物失窃等原因遭受临时性经济困难，可以协助与国内亲友联系，并为接收亲友汇款等事宜提供建议；(5)如在接受国与他人发生民事纠纷、涉及刑事案件或突发疾病，可以应要求，提供当地法律服务机构、翻译机构和医疗机构等名单、联系方式；(6)如需要寻找在国外失踪的近亲属，可以提供有关寻找渠道和方式的信息；(7)可以根据中国法律法规，为遗失（或未持有）有效旅行证件的中国公民签发相关旅行证件；(8)如涉入有关法律诉讼，可以在必要时旁听庭审。

> **相关知识　什么是领事保护?**
>
> 　　领事保护是指派遣国的外交领事机关或领事官员，在国际法允许的范围内，在接受国保护派遣国的国家利益、本国公民和法人合法权益的行为。以我国为例，当中国公民、法人的合法权益在驻在国受到不法侵害时，中国驻外使领馆依据公认的国际法原则、

有关国际公约、双边条约或协定以及中国和驻在国的有关法律，反映有关要求，敦促驻在国当局依法公正、友好、妥善处理。领事保护还包括我驻外使领馆向中国公民或法人提供帮助或协助的行为，如提供国际旅行安全方面的信息、协助聘请律师和翻译、探视被羁押人员、协助撤离危险地区等。

73 公民如何寻求领事保护？

公民在国外遭遇紧急情况时，应立即就近与我国驻该国使领馆取得联系。此外，外交部全球领事保护与服务应急热线（12308 热线）全年无休 24 小时为我国公民提供领事咨询与服务。国内用户请拨010-12308/65612308，在国外还需加拨我国的国家号 86。

74 公民在国外如遇护照到期、过期、损毁、遗失、被盗等情况，应如何应对？

因公护照持有人应联系国内派出单位，由国内派出单位向原发照机关提出换、补发申请。接到原发照机关通知后，使领馆受理申请。临时出国人员如因公护照在国外损毁、遗失、被盗，应由团组团长出具相关证明，相关人员向使领馆申请旅行证回国。因私护照持有人需向我国驻当地使领馆提交申请，可通过中国领事 APP 线上办理换、补发手续。

75 公民在国外遇到警察等执法人员盘查该如何处理？

保持镇静，配合执法，避免发生争执或采取过激或导致对方误解的行为。公民有权要求对方出示证件确认其身份，当其要求检查现金数量时，应高度警惕。公民有权拒绝签署自己看不懂的文件，有权要求联系律师，通过法律手段维护自己的合法权益。如对方在执法过程中有违法违规行为，公民可视情提出抗议，避免直接冲突。如未果，应以稳妥方式保留相关证据，以便日后向当地相关部门投诉。

76 公民在国外遭遇警察、海关、移民局人员暴力执法、扣押护照、勒索，应如何处理？

可要求对方出示证件和相关法律文书，记录其姓名、证件号、法律文书名称、编号等，并注意收集和保存其违法违规证据，以便向所在国主管部门投诉。也可同我国驻当地使领馆联系并提供证据，使领馆会根据情况向驻在国有关部门核实并表达关切。

77 公民在国外遭遇电信诈骗怎么办？

多国出现针对海外中国公民的电信诈骗。犯罪分子利用网络电话和电话号码改号软件，假冒驻外使领馆、国内执法机关人员，谎称当事人涉嫌贩毒、洗钱等重罪，以执法人员身份威胁恐吓，诱骗当事人将个人资金转至指定的银行账户，给当事人造成经济损失。我国驻外使领馆和公检法等机关不会以电话方式通知当事人涉案，更不会以电话方式要求转账汇款。请注意保护个人信息，接可疑电话保持警惕，可挂断电话后拨打我国驻当地使领馆官方网站提供的联系电话。如不幸上当受骗，应及时向当地警方报案，并同时向国内公安机关报警。受害人无法直接向国内公安机关报案的，可通过国内近亲属及时报案，并向国内报案地反电信网络诈骗中心请求帮助。

2017 年 8 月 24 日，122 名电信诈骗嫌疑人从柬埔寨被押解回国（新华社记者　吴光于 / 摄）

中办　国办印发《关于加强打击治理电信网络诈骗违法犯罪工作的意见》

78 公民在境外酒店遭遇爆炸时应如何应对？

（1）保持冷静，尽快撤离现场，注意避免进入餐厅等存有易燃易爆物品的危险地点。（2）不盲目跟从人群逃离，避免相互踩伤、压伤。（3）寻找有利地形进行隐蔽。（4）实施自救互救。（5）不要因为顾及贵重物品浪费宝贵的逃生时间。（6）迅速报警。（7）按照警方和相关人员的示意和指挥及时撤离现场，如果现实条件不允许，应原地卧倒，等待救援。（8）注意观察现场可疑人、可疑物，协助警方调查。

篇五

企业防范应对海外安全风险

79 《企业境外投资管理办法》对规范企业境外投资行为、防范境外风险作了哪些规定?

国家发展改革委《企业境外投资管理办法》第四十一条规定,倡导投资主体创新境外投资方式、坚持诚信经营原则、避免不当竞争行为、保障员工合法权益、尊重当地公序良俗、履行必要社会责任、注重生态环境保护、树立中国投资者良好形象;第四十三条规定,境外投资过程中发生外派人员重大伤亡、境外资产重大损失、损害我国与有关国家外交关系等重大不利情况的,投资主体应当在有关情况发生之日起5个工作日内通过网络系统提交重大不利情况报告表。重大不利情况报告表格式文本由国家发展改革委发布。

80 《境外投资管理办法》对企业加强风险防范措施作了哪些规定?

商务部《境外投资管理办法》第十九、二十条规定，企业应当客观评估自身条件、能力，深入研究投资目的地投资环境，积极稳妥开展境外投资，注意防范风险。境内外法律法规和规章对资格资质有要求的，企业应当取得相关证明文件。企业应当要求其投资的境外企业遵守投资目的地法律法规、尊重当地风俗习惯，履行社会责任，做好环境、劳工保护、企业文化建设等工作，促进与当地的融合。

81 我国机构和个人在国（境）外投资设立的境外企业资产权益是否属于我国海外利益?

根据商务部、国家统计局、国家外汇管理局联合印发的《对外直接投资统计制度》，我国境内投资者以现金、实物、无形资产等方式在国外及港澳台地区设立、参股、兼并、收购国（境）外企业，并拥有该企业 10% 或以上股权、投票权或其他等价利益的经济活动，纳入我国对外直接投资统计范畴。对外直接投资形成的资产是我国海外利益的组成部分。

82 《对外劳务合作管理条例》对防范外派劳务人员的海外风险作出了哪些规定？

《对外劳务合作管理条例》是规范对外劳务合作、保障外派劳务人员合法权益的重要法律依据。《条例》规定，合法取得对外劳务合作经营资格的企业才能组织劳务人员赴国外工作；企业应当依法缴存对外劳务合作风险处置备用金，可用于支付突发事件发生时外派人员回国或者接受其他紧急救助所需费用；企业应当安排劳务人员接受安全防范知识等方面的培训，制定突发事件应急预案；国外发生突发事件的，企业应当立即向我国驻用工项目所在国使领馆和国内有关部门报告；国务院商务主管部门会同有关部门建立对外劳务合作风险监测和评估机制，提供预警信息，指导对外劳务合作企业做好安全风险防范。

> **延伸阅读** **我国的外派劳务人员**
>
> 　　截至 2022 年底，我国在外各类劳务人员约 54.3 万人。从地区来看，我国向亚洲和非洲地区派出的各类劳务人员占比最多；从行业来看，主要集中在建筑业、交通运输业和制造业。

83 《对外投资合作国别（地区）指南》主要有哪些内容？

　　为更好地帮助企业了解和熟悉当地营商环境，有效防范化解各类风险，商务部每年更新发布《对外投资合作国别（地区）指南》，涵盖 170 多个国家和地区，全面、客观地反映对外投资合作所在国别（地区）宏观经济形势、法律法规、经贸政策、营商环境等企业关心的事项，使企业更好地了解"走出去"可能遇到的风险和挑战。商务部"走出去"公共服务平台提供免费下载服务。

84　《中国企业海外安全风险防范指南》主要有哪些内容？

外交部领事司发布的《中国企业海外安全风险防范指南》，从组织领导、员工选派和雇用、安全培训、风险评估、安全软环境建设、安保硬件投入、日常管理、应急处置等八方面为企业海外安全风险防范提供系统性向导。中国领事服务网登载了全文。

延伸阅读 中国企业海外风险防范指南概览

　　随着经济全球化深入发展，我国越来越多的企业远赴海外投资兴业，积极参与当地经济建设。外交部、商务部、中国侨联等部门都曾组织编写风险防范指南，协助中国企业有效规避和防范海外安全风险。

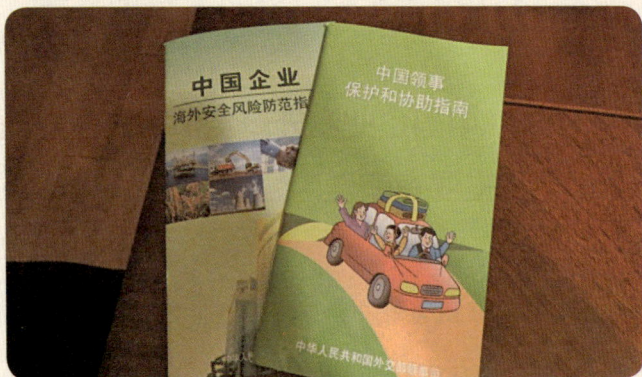

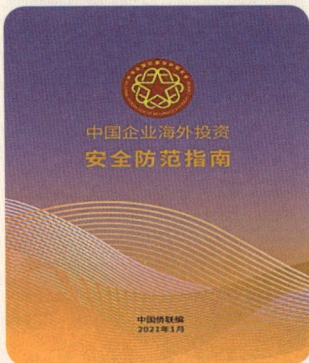

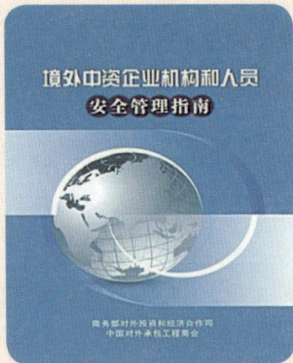

外交部领事司发布《中国企业海外安全风险防范指南》，商务部编写了《境外中资企业机构和人员安全管理指南》，为企业加强风险管理提供了详细具体的操作指南；中国侨联组织编写了《中国企业海外投资安全防范指南》，侧重从法律层面为"走出去"企业提供常见法律风险及其应对方案。

85 境外企业项目应当如何落实"不培训不派出"的要求？

《境外中资企业机构和人员安全管理规定》明确规定，对外投资合作企业要按照"谁派出、谁负责"的原则，对派出人员在出国前开展境外安全教育和应急培训，提高安全防范意识和能力，增强安全管理综合能力。实行项目总包合同的对外投资合作企业，应对参与合作的分包单位的境外安全教育和培训工作负总责。未经安全培训的人员一律不得

派出。对外投资合作企业要制订派出人员行为守
则，规范驻外人员行为方式，要求派出人员遵守当
地法律法规，尊重当地风俗习惯。各地商务主管部
门会同外事、发展改革、公安、国有资产管理、安
全监管部门和工商联对本地区对外投资合作企业的
境外安全教育培训工作进行监督检查。各驻外使领
馆负责对驻在国中资企业机构定期进行安全培训监
督检查。

86 企业提升境外安保能力应重点开展哪些方面的培训？

企业通过培训提升安保能力是做好风险防控的重
要一环，培训的重点是防暴防恐、疫情防控、风险防
范、危机公关、应急演练等方面。

87 境外企业对高风险环境员工需要重点培训哪些安全知识和技能？

个人岗位安全操作技能和应急程序；如何避免成为恐怖分子或犯罪分子的攻击目标；安全信息的收集和分析；如何利用自身特点应对攻击者；全球定位系统的使用；边远地区作业和夜间行动注意事项；急救技能和实用性逃生方法；等等。

88 境外企业可以采取哪些安全风险防范措施？

（1）做好项目所在国国别风险评估与风险防控。关注项目所在国政治法律制度、政局稳定性、引进外资的法律与政策、工程建设法律制度、土地管理法律制度、行业监管体系等。企业可参考世界银行、商务部、中国出口信用保险公司、中国社科院等机构的国别报告作为初步风险研判依据。(2) 做好项目的环境社会影响评价与风险防控。(3) 做好项目合作的模式选择及投资架构设计,可由多家利益相关方参与。(4) 提高中资企业的本地化管理水平,增加本地员工比例。(5) 做好境外突发事件应对及纠纷解决。中资企业驻外分支机构、项目公司要建立健全境外突发安全事件信息通报、预警、响应和应急处置机制。

89 企业在对外承包工程中应当采取哪些风险防范措施?

《对外承包工程管理条例》第十三、十四、十六条规定,对外承包工程的单位应当有专门的安全管理机构和人员,负责保护外派人员的人身和财产安全,并根据所承包工程项目的具体情况,制定保护外派人员人身和财产安全的方案,落实所需经费;根据工程项目所在国家或者地区的安全状况,有针对性地对外派人员进行安全防范教育和应急知识培训，增强外派人员的安全防范意识和自我保护能力；为外派人员购买境外人身意外伤害保险；接受我国驻该工程项目所在国使领馆在突发事件防范、工程质量、安全生产及外派人员保护等方面的指导。

90 境外企业及项目如何与当地建立和谐关系？

营造客观友善的舆论环境对维护我国在境外企业及项目安全十分重要，企业在海外投资经营时要树立正确义利观，坚持经济和社会效益并重，切实履行社会责任，为当地社会经济发展和民生多作贡献。要努力提升公共外交意识和能力，积极宣传互利共赢理念，及时澄清不实和负面报道。要了解并尊重当地宗教信仰和风俗习惯。

91 境外中资企业商（协）会在维护我国境外企业利益方面起到什么作用？

境外中资企业商（协）会是由境外中资企业自愿发起并在所在国（地区）依法注册成立，代表中资企业利益、维护中资企业权益、协调中资企业关系的非营利性民间社团组织。境外中资企业商（协）会推动中资企业加强相互联系、协调和交流，为中资企业提供优质服务；增进中资企业与当地政府和社会各界的沟通和了解，扩大与所在国（地区）的经贸合作；代表中资企业对外交涉，维护中资企业合法权益；指导中资企业合规经营、公平竞争、合作共赢。

> **❯ 典型案例　欧盟中国商会捍卫企业利益**
>
> 2021年7月23日，欧盟中国商会代表近千家在欧中资企业就欧盟外国补贴条例草案向欧盟委员会提交反馈意见，表达在欧中资企业重大关切，包

括条例草案缺乏法律确定性、可能对在欧外国企业造成歧视性待遇等问题。2021年10月18日，欧盟中国商会与罗兰贝格企业管理咨询公司联合发布《深化互利合作，共塑中欧未来——2021年中国企业在欧盟发展报告》，系统阐述了中国企业在欧盟的发展态势及其所面临的机遇与挑战。为实现欧盟营商环境有所改善且长期向好的目标，该报告在十大领域向欧盟方面提出了近70项建议。

92 企业如何通过双边投资协定维护海外投资利益？

双边投资协定指两国政府之间缔结的，规定相互保护和促进双向投资相关规则的国际条约。我国对外签署的双边投资协定一般规定了受协定保护的投资者及其投资可享受公平公正待遇、国民待遇和最惠国待遇、征收及补偿、外汇转移、战乱损失补偿等方面的待遇。如果东道国违反了协定义务并使企业遭受损失，企业可以依据所适用的投资协定中的争端解决机制维护自身合法权益。我国与有关国家和地区签署并现行有效的投资协定有 100 余个，可在商务部网站找到（http://tfs.mofcom.gov.cn/article/h）。

93 企业如何应对外国制裁措施对海外投资造成的风险？

个别国家将经济制裁作为其外交政策工具，动辄对他国实体和个人实施制裁。我国海外投资企业有可能因在受制裁国家特定行业进行投资经营，或与被制裁实体开展重大交易等，被实施冻结资产、禁止交易等制裁措施或追究法律责任，可能给企业人员、资产、业务带来不利影响。海外投资企业宜加强与外方合作伙伴的沟通合作，根据当地法律法规合法经营，并关注个别国家对相关国家的制裁动向，做好风险防范工作。

94 企业在境外遭遇出口管制相关调查执法时，应如何应对?

企业应严格遵守我国出口管制法以及境外相关法律法规，加强合规建设，确保合规经营。如遇境外出口管制相关调查执法，可及时向我国驻外使领馆及企业国内总部报告情况。在这一过程中，如涉及对外提供可能危害我国家安全和利益或利害相关方合法权益的信息，应充分评估风险，严格遵守出口管制法、数据安全法及《数据出境安全评估办法》有关规定。

> ❯ **相关知识**　《中华人民共和国出口管制法》
>
> 　　2020 年 10 月 17 日，十三届全国人大常委会第二十二次会议正式表决通过《中华人民共和国出口管制法》，自 2020 年 12 月 1 日起施行。这标志着我国出口管制领域有了第一部专门法律。出口管制法共五章 49 条，包括总则，管制政策、管制清单和

管制措施，监督管理，法律责任和附则。主要规定了出口管制范围，出口管制清单、临时管制和全面管制，出口经营资格和出口许可制度，最终用户和最终用途管理等内容。

95 如果外方以出口管制、防扩散等理由扣押我国企业运往海外的货物，企业应如何应对？

面对外方扣押船只、货物等要求，企业应在遵守当地法律法规、如实进行货物申报基础上，通过咨询法律顾问等方式维护自身正当合法权益。同时，可第一时间联系我国驻当地使领馆，沟通有关情况。针对外方相关政府机构的询问，必要时，企业应做到有理有利有节回应，视情提供相关信息。如外国政府提出登临我国籍货运交通工具（货轮、货机、货车等）进行检查的要求，可及时与我国驻该国使领馆和国内有关政府部门沟通。未经我国有关政府部门同意，企业不应承诺接受或者擅自接受外国政府登临我国籍货运交通工具进行检查。

96 企业自境外出口物项至国内时遭遇所在国阻挠，应如何处理？

企业在境外开展进出口贸易，应遵守相关法律法规，建立内部合规制度，确保规范合法经营。如遇阻挠或不予许可，企业应确定出口物项是否属于所在国管制物项以及出口程序是否符合所在国法律法规要求，如所在国主管部门的做法存在不符合法律法规的情形，可通过法律规定的正当程序维护自身合法权益。必要时，可及时联系我国驻当地使领馆寻求咨询帮助。

97 境外企业项目人员在离开营地外出前应做哪些准备工作?

出行前进行安全风险评估,预估可能出现的问题;人员离开群体执行任务需提前规划行程、填写旅行计划表并上报,经审批通过后方可出行,交通安全负责人与项目经理应知悉行程情况;出行路线需避开存在游行示威、武装抢劫或者其他可能威胁道路安全的地段;出发前,必须对交通工具进行安全检查并填写检查单,确保交通工具机械性能良好并配备必要的安全设备;视情安排安保护卫陪同。

98 境外企业项目营地如何应对爆炸、炸弹威胁等安全事件?

记录下威胁的准确用词,并尽可能地对其声音、背景噪音和其他声响做详细的描述;立即通知项目经理；现场安全负责人进行安全部署，防守集合区域，并为紧急撤离做准备；如果威胁的最后期限非常紧迫，马上组织施工作业现场紧急撤离；清点现场人数，包括员工、承包商、来访者等；通知当地警方，请求紧急支援，通知当地的消防部门和救护车服务部门；在警方和急救机构的协助下，对施工作业现场进行仔细搜查。

99 境外企业如何应对员工遭遇绑架劫持事件？

（1）当本单位职工外出失联、失踪或接到绑匪电话后，第一时间向上级领导、安保机构、当地政府、警方和我驻所在国领保机构报告。（2）当接到绑架勒索电话后，首先要确认被劫持者健在并确实在打电话的劫匪手中，然后再谈判赎回条件，避免遭遇绑匪同伙的多重分头勒索。（3）赎回谈判最好请当地部落长老、宗教领袖、社会名流出面斡旋，促其尽快安全送还或降低赎回代价。（4）如绑架意图不在勒索钱财，要考虑请当地军警武装解救的可能性，并做好医疗紧急救护等应急善后准备。

100 境外企业项目营地若发生了需要紧急转移或撤离的情况，在撤离前应检查哪些事项？

清点人数，确认所有人员到位；车辆到位并检验，确保车况良好、油水电气充足；司机和护送安保力量到位；食物和饮水就绪；护照、应急卡、地图、保命金等随身携带；每位人员有应急包；有急救包和常备药品；卫星电话、对讲机或手机等通信设备好用，电量充足、有备用电池；车辆之间均有通信设备，并落实联络人；撤离前获悉最后指示，明确撤离目的地和撤离路线；资产保全措施已按照预案落实。

101 海外利益安全领域专业人才的素质要求是什么?

　　熟悉党和国家的路线方针政策,能够正确理解和执行国家关于外事外交、共建"一带一路"和海外利益保护有关方针政策和法律法规;遵守驻在国法律法规和海外安全管理职业道德规范,具有适应海外利益保护工作要求的专业素质和法治意识;掌握跨文化沟通技巧,能够进行跨文化交流和团队管理;具有积极适应海外安全管理工作压力、敢于面对危险挑战的心理素质。

视 频 索 引

118

后　记

　　党的十八大以来，我国海外利益不断拓展，成为密切我国与外部世界关系的重要因素、关系国计民生的重大议题。海外利益安全是新时代我国发展和安全利益的重要组成部分，事关国家发展和安全大局。随着我国深入推进高水平对外开放，特别是共建"一带一路"高质量发展不断取得新成效，维护海外利益安全的重要性持续上升。当前，我国海外利益安全面临的风险与挑战复杂严峻，必须坚持以总体国家安全观为统领，全面推进海外利益保护体系和能力现代化。

　　本书由中国现代国际关系研究院负责编写。傅小强任本书主编，刘冲、严帅、孙冉任副主编。本书调研、写作和修改人员主要有：林梦婷、巩小豪、陈庆鸿、李伟、邓门佳、徐刚、陈璐、郑仪、王苏舆、邵薪羽、韩奕琛、董一凡、林一鸣、徐琴、唐恬波、陈晓阳、孙建红、隋晨。在本书编写过程中，中央有关部门和人民出版社给予了大力支持。在此，一并表示感谢。

本书如有疏漏和不足之处，敬请广大读者提出宝贵意见。

编　者

2023 年 4 月

责任编辑：王　淼　李　航
装帧设计：周方亚
责任校对：周　昕

图书在版编目（CIP）数据

国家海外利益安全知识百问 /《国家海外利益安全知识百问》
　编写组著 . — 北京：人民出版社，2023.4
ISBN 978 - 7 - 01 - 025585 - 9

I.①国… II.①国… III.①国家利益 - 保护 - 中国 - 问题解答
　IV.① D621-44

中国国家版本馆 CIP 数据核字（2023）第 058246 号

国家海外利益安全知识百问
GUOJIA HAIWAI LIYI ANQUAN ZHISHI BAIWEN

本书编写组

人民出版社 出版发行
（100706　北京市东城区隆福寺街 99 号）

中煤（北京）印务有限公司印刷　新华书店经销

2023 年 4 月第 1 版　2023 年 4 月北京第 1 次印刷
开本：880 毫米 × 1230 毫米 1/32　印张：4.375
字数：59 千字

ISBN 978 - 7 - 01 - 025585 - 9　定价：23.00 元

邮购地址 100706　北京市东城区隆福寺街 99 号
人民东方图书销售中心　电话（010）65250042　65289539